Impressum
Verlag: BABADADA GmbH, Nedderfeld 112 , 22529 Hamburg
Geschäftsführer / Verlagsleitung: Harald Hof
Druck: Books on Demand GmbH, In de Tarpen 42, 22848 Norderstedt

Imprint
Publisher: BABADADA GmbH, Nedderfeld 112 , 22529 Hamburg, Germany
Managing Director / Publishing direction: Harald Hof
Print: Books on Demand GmbH, In de Tarpen 42, 22848 Norderstedt, Germany

baruumsaa

школа

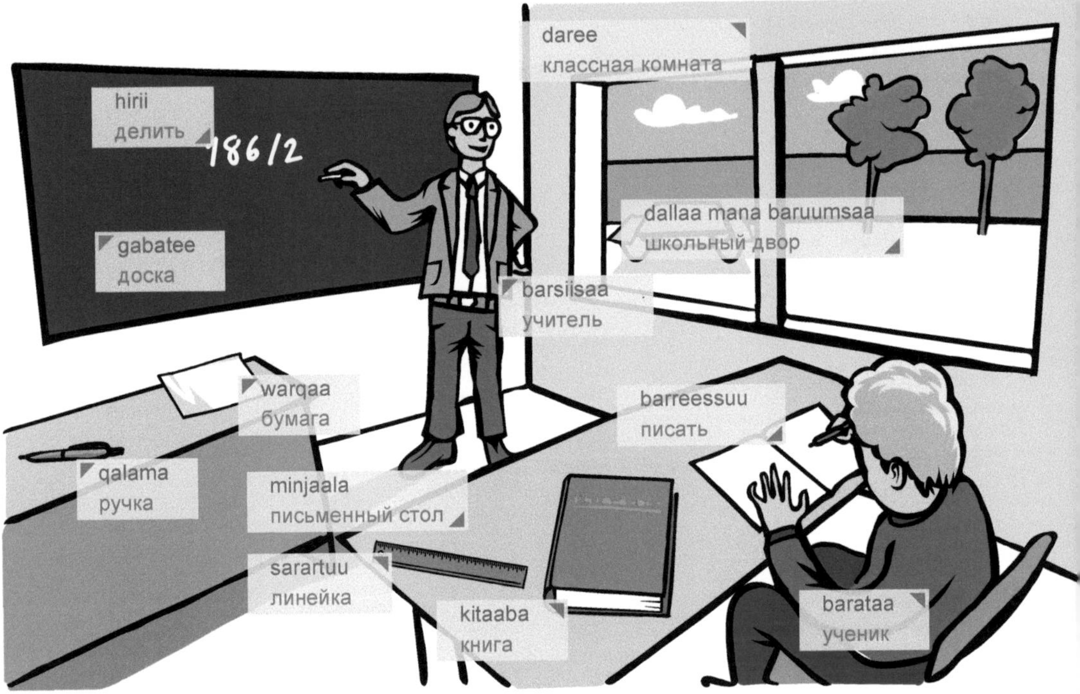
daree
классная комната
hirii
делить
186/2
gabatee
доска
dallaa mana baruumsaa
школьный двор
barsiisaa
учитель
warqaa
бумага
barreessuu
писать
qalama
ручка
minjaala
письменный стол
sarartuu
линейка
kitaaba
книга
barataa
ученик

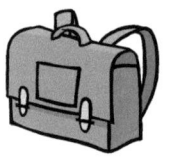

korojoo baattamu

ранец

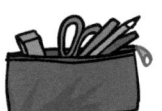

teessoo irsaasii

пенал

irsaasii

карандаш

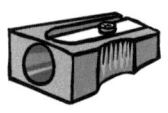

qartuu irsaasii

точилка

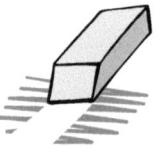

haqxuu

ластик

paadii fakkii

альбом для рисования

fakkii

рисунок

burusha halluu

кисточка

saanduqa halluu

коробка красок

maqasa

ножницы

maxxansituu

клей

daftara

тетрадь

hojii manaa

домашняя работа

lakkoofsa

цифра

ida'ii

прибавлять

hir;isi

вычитать

bay,isi

умножать

heerregii

считать

xalayaa

буква

tarree qubee

алфавит

jecha

слово

kitaaba barataa

текст

dubbisuu

читать

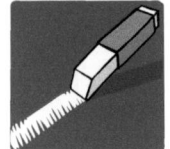

biroonkii

мел

baruumsa

урок

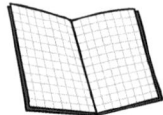

galmeessuu

классный журнал

qormaata

экзамен

raga barreeffamaa

диплом

uffata mana baruumsaa

школьная форма

barnoota

образование

insaaykiloopeediyaa

энциклопедия

yuunivarstii

университет

maaykiroos kooppii

микроскоп

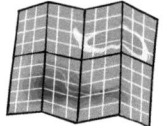

kaartaa

карта

qircaata gatoo

корзина для бумаг

imala

путешествие

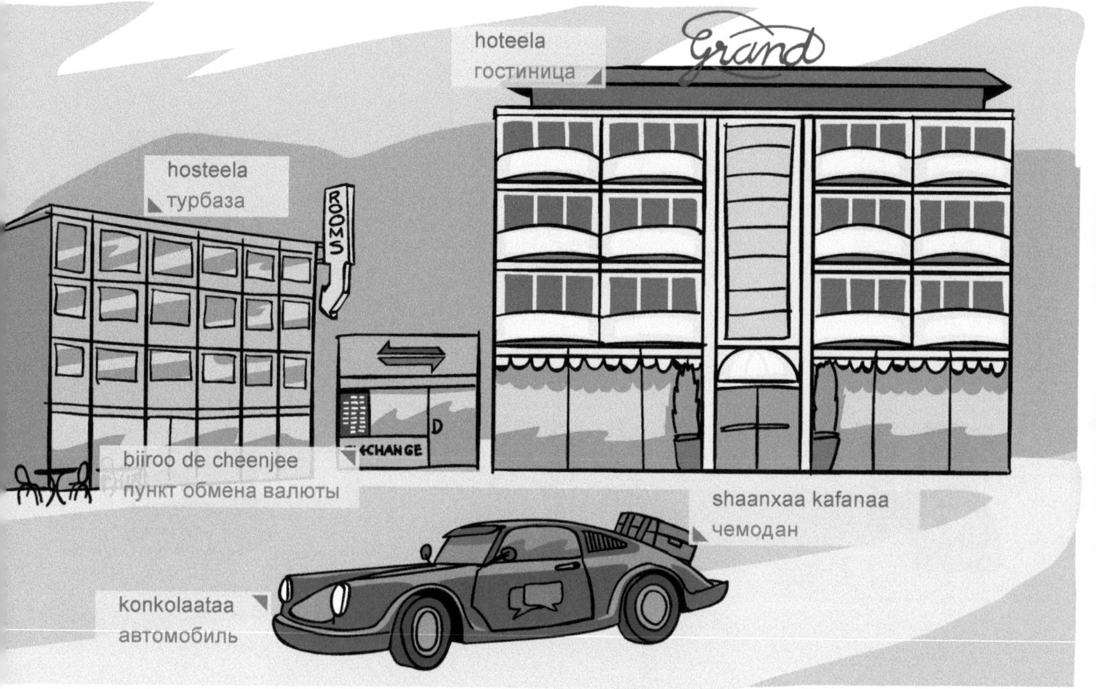
hoteela
гостиница
Grand
hosteela
турбаза
ROOMS
biiroo de cheenjee
пункт обмена валюты
EXCHANGE
shaanxaa kafanaa
чемодан
konkolaataa
автомобиль

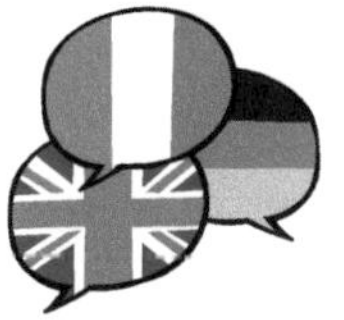

afaan

язык

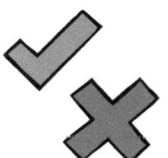

eyyeen / mitii

да / нет

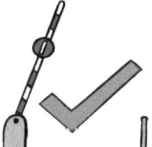

haa ta'u

хорошо

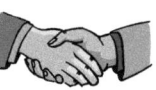

heloo

Привет

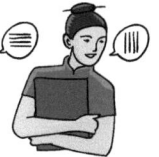

turjmaana

переводчик

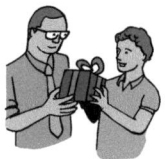

galatoomaa

Спасибо

meeqa

Сколько стоит…?

naaf hingalle

Я не понимаю

rakkoo

проблема

akkam ooltan

Добрый вечер!

akkam bultan?

Доброе утро!

halkan gaarii

Доброй ночи!

nagaatti nagaatti

До свидания

kallattii

направление

ba'aa imalaa

багаж

korojoo

сумка

ba'aa dugdaa

рюкзак

keessummaas

гость

kutaa

комната

korojoo hirriibaa

спальный мешок

dukkaana

палатка

odeeffannoo turistii

туристическая информация

qarqara haroo

пляж

kireedit kaardii

кредитная карточка

ciree

завтрак

laaqana

обед

irbaata

ужин

tikkeetii

билет

liiftii

лифт

chaappaa

почтовая марка

daangaa

граница

barmaatilee

таможня

embaasii

посольство

viizaa

виза

paasspoortii

паспорт

geejiba

транспорт

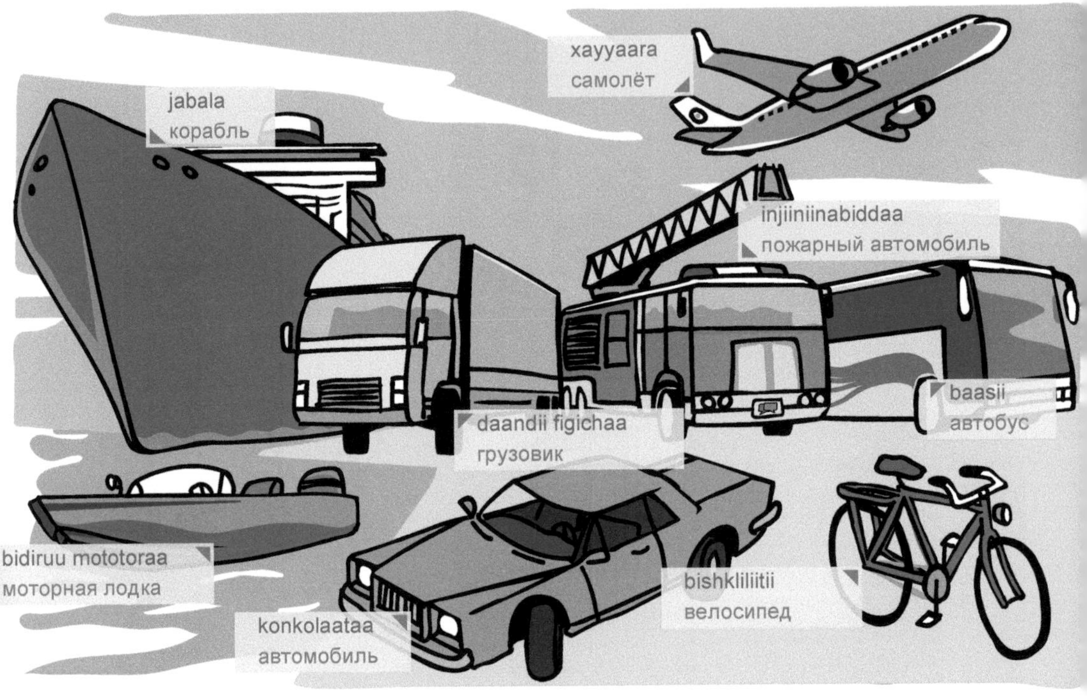
xayyaara
самолёт
jabala
корабль
injiiniinabiddaa
пожарный автомобиль
baasii
автобус
daandii figichaa
грузовик
bidiruu mototoraa
моторная лодка
bishkliliitii
велосипед
konkolaataa
автомобиль

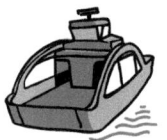

bidiruu deeddebii

паром

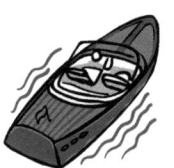

bidiruu

лодка

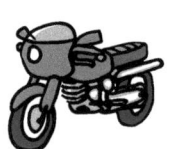

doqdoqqee

мотоцикл

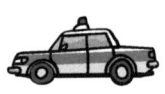

konkolaataa foolisaa

полицейский автомобиль

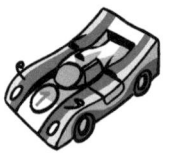

konkolaataa dorgommii

гоночный автомобиль

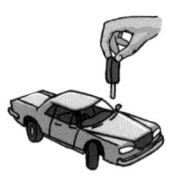

konkolaataa kiraa

арендованный автомобиль

konkolataa waliin gahuu

совместное пользование
автомобилями

marsaa boqqoonna

буксировочный
автомобиль

daandii dhorkaa

мусоровоз

motora

двигатель

boba'aa

топливо

buufata boba'aa

заправка

mallattoo tiraafikaa

дорожный знак

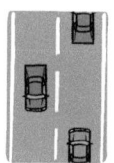

tiraafika

движение

cuccufaa daandii
konkolaataa

пробка

dhaabbii konkolaataa

автостоянка

buufata baburaa

вокзал

konkolaataa guddaa

рельсы

baabura

поезд

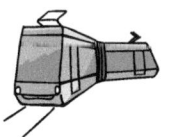

baabura eleektirikaa

трамвай

gaarii fardaa

вагон

helikooftara

вертолёт

buufata xayyaaraa

аэропорт

qooxii

вышка

keessummaa

пассажир

konteenara

контейнер

kaartunii

коробка

gaarii

тележка

qirccaata

корзина

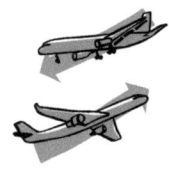

barrisuu / qubachuu

взлетать / приземляться

magaalaa gudaa

город

araddaa

деревня

handhuura magaalaa

центр города

mana

дом

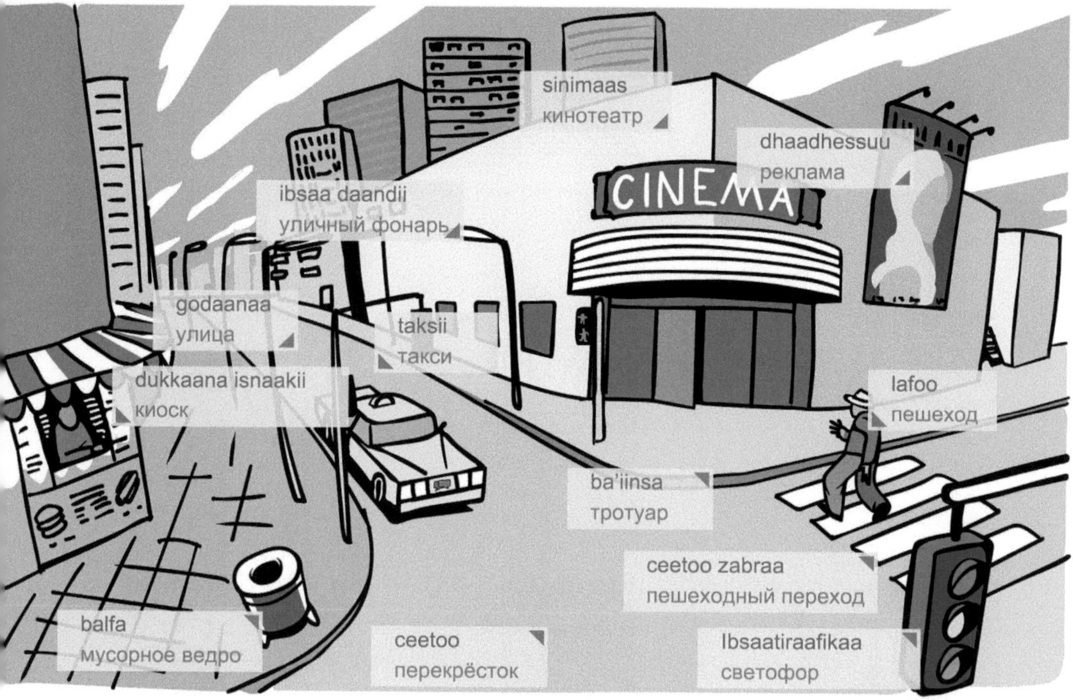

sinimaas — кинотеатр

dhaadhessuu — реклама

ibsaa daandii — уличный фонарь

godaanaa — улица

taksii — такси

dukkaana isnaakii — киоск

lafoo — пешеход

ba'iinsa — тротуар

ceetoo zabraa — пешеходный переход

balfa — мусорное ведро

ceetoo — перекрёсток

Ibsaatiraafikaa — светофор

CINEMA

godoo

хижина

diriiraa

квартира

buufata baburaa

вокзал

galma magaalaa

ратуша

muuziyeemii

музей

baruumsaa

школа

yuunivarstii

университет

baankii

банк

hospitaala

больница

hoteela

гостиница

mana qorichaa

аптека

waajjira

офис

dukkana kitaabaa

книжный магазин

dukkaana

магазин

gurgurtuu abaabo

цветочный магазин

suppar maarkeetii

супермаркет

gabaa

рынок

kuusaa dame

универмаг

kiyyeessituu qurxxummii

торговец рыбой

giddu gala gabaa

торговый центр

buufata galaanaa

порт

paarkii

парк

tessoo dalgee

скамейка

riqica

мост

sibsaabii

лестница

Lafa jala

метро

holqa

тоннель

buufata konkolaataa

автобусная остановка

baarii

бар

mana nyaataa

ресторан

saanduqa poostaa

почтовый ящик

mallattoodaandii

табличка с названием
улицы

idoo dhaabbii konkolaataa

паркометр

dallaa beeladaa

зоопарк

haroo daakkaa

бассейн

masgiida

мечеть

qonna

ферма

faalama

загрязнение окружающей среды

iddoo awwaalchaa

кладбище

charchii

церковь

dirree taphaa

детская площадка

siidaa

храм

teechuma lafaa

ландшафт

baala
лист

maxxansa beeksiisaa
дорожный указатель

karaa
дорога

huruufa magariisa
луг

dhakaa
камень

muka
дерево

nama lafoo deemu
путешественник

laga
река

mrga
трава

abaaboo
цветок

sulula

долина

tabba

гора

hara

озеро

bosona

лес

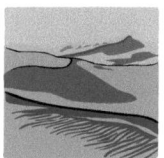

gammoojjii oo;aa

пустыня

dhooyinsalafaa

вулкан

masaraa

замок

sabbata waaqqaa

радуга

jaarsa marqoo

гриб

muka teemiraa

пальма

bookee busaa

комар

balali'uu

муха

mixii

муравей

kanniisa

пчела

sarariitii

паук

boombii

жук

hurrii

лягушка

shikookkoo

белка

xaddee

еж

beelada illeentii fakkaatu

заяц

jajuu

сова

simbira

птица

daakkiyyee

лебедь

ifaannaa

кабан

godaa

олень

godaa ameerikaatti argamu

лось

riqicha

плотина

tarbaayinii buubbee

ветряной генератор

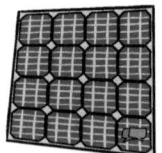

panaalii soolaarii

солнечная батарея

haala qilleensaa

климат

keessummeessaa
официант

meenuu
меню

teessoo
стул

saamunaa
суп

piizaa
пицца

katlarii
столовые приборы

uffata minjaalaa
скатерть

calqabsiisaa

закуска

madda muummee

главное блюдо

deezaartii

десерт

dhugaatii

напитки

nyaata

еда

qaruuraa

бутылка

nyaata qophaa'aa

фастфуд

nyaata karaa irraa

уличная еда

markajii shaayii

чайник

qodaa shukkaaraa

сахарница

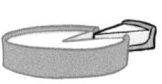

uwwisa

порция

maashina espereessoo

кофеварка

teessoo ol ka'aa

детский стульчик

nagahee

счет

tirii

поднос

hlbee

нож

shuukkaa

вилка

fal'aana

ложка

fal'aana shaayii

чайная ложка

uffrata minjaala nyaataa

салфетка

burcuqqoo

стакан

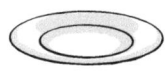

diiriiraa

тарелка

teessoo saamunaa

суповая тарелка

teessoo siinii

блюдце

sugoo

соус

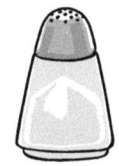

qodaa sooqiddaa

солонка

daaktuu barbaree

мельница для перца

hadhooftuu

уксус

zayita

масло

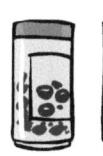

qimamii

специи

kachappii

кетчуп

sanaafica

горчица

maaynoneezii

майонез

suppar maarkeetii

супермаркет

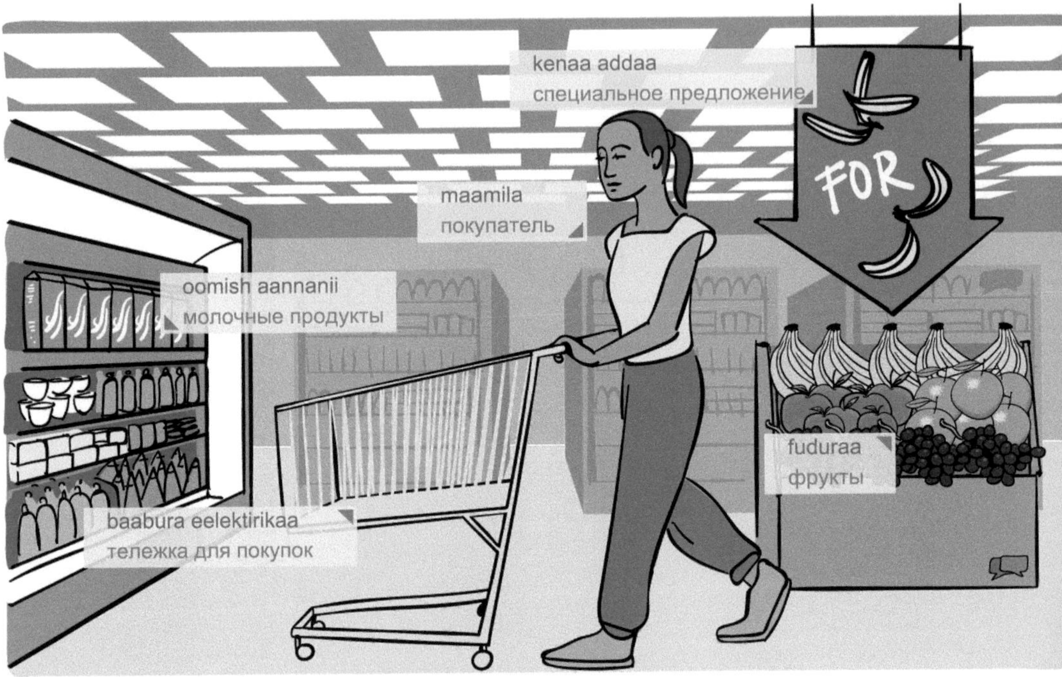

kenaa addaa
специальное предложение
FOR
maamila
покупатель
oomish aannanii
молочные продукты
fuduraa
фрукты
baabura eelektirikaa
тележка для покупок

BUTCHERS

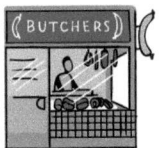

mana foonii

мясной магазин

BAKERY

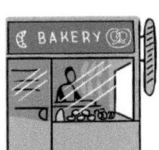

tolchituu

пекарня

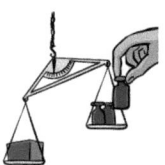

ulfaatina safaruu

взвешивать

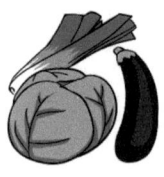

kuduraa

овощи

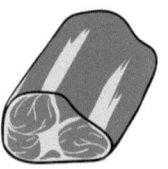

foon

мясо

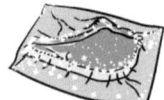

nyaataqorraa

быстрозамороженные продукты

foon qorraa

нарезка

nyaata samsmaa

консервы

oomoo

стиральный порошок

mi'aawaa

сладости

oomisha meeshaa manaa

предмет домашнего обихода

bu'aa qulqulleessuu

моющее средство

nama gurgurtaa

продавщица

hanga

касса

qarshi qabduu

кассир

taree gabaa

список покупок

sa'aatii banlinsaas

время работы

krojoo qarshii kan dhiiraa

бумажник

kireedit kaardii

кредитная карточка

korojoo

сумка

korojoo pilaastikaa

полиэтиленовый пакет

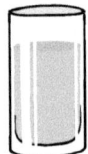

bishaan

вода

cuunfaa

сок

aannani

молоко

kookii

кока-кола

wayinii

вино

biiraa

пиво

alkoolii

алкоголь

kookaa

какао

shaayii

чай

buna

кофе

espereesso

эспрессо

kaappuchuunoo

капучино

muuzii

банан

aappilii

яблоко

burtukaana

апельсин

meeloonii

арбуз

loomii

лимон

kaarotii

морковь

qullubbii adii

чеснок

leemmana

бамбук

qullubbii

лук

jaarsa marqoo

гриб

yodoo

орехи

gowwaa

лапша

ispaageetii

спагетти

ruuza

рис

salaaxaa

салат

chiipsii

картофель фри

moose affeelamaa

жареный картофель

piizaa

пицца

hmbargarii

гамбургер

saanduchii

сэндвич

kotaleetii

шницель

foon booyyee kan luka
fuuiduraa

ветчина

nyaata mi'eessituu fi
sooggiddan sukkummame

салями

sausage

колбаса

lukuu

курица

waaddii

жаркое

qurxummii

рыба

bulluqa aajjaa

овсяные хлопья

masliis

мюсли

fandishaa

кукурузные хлопья

daakuu

мука

kiroosantii

круассан

daabboo-

булочка

daabboo

хлеб

dabboo oo'aa

тост

buskuuta

печенье

dhadhaa

масло

itittuu

творог

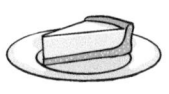

keekii

пирог

buuphaa

яйцо

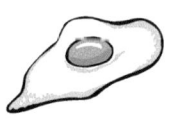

buuphaa affeelamaa

яичница

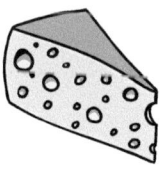

ayibii

сыр

aays kireemii

мороженое

shukkaara

сахар

damma

мёд

marmaalaataa

мармелад

chokkoleetii bittinnaa'aa

крем с нугой

kuurii

карри

qonna

ферма

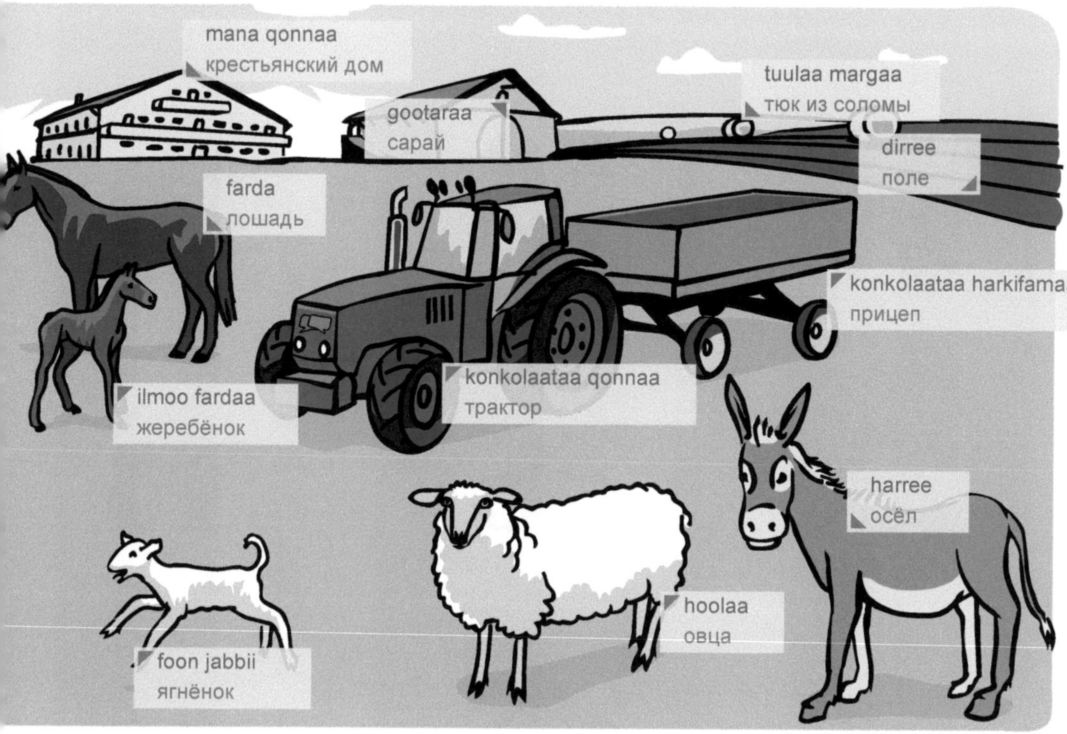

mana qonnaa
крестьянский дом
tuulaa margaa
тюк из соломы
gootaraa
сарай
dirree
поле
farda
лошадь
konkolaataa harkifamaa
прицеп
konkolaataa qonnaa
трактор
ilmoo fardaa
жеребёнок
harree
осёл
hoolaa
овца
foon jabbii
ягнёнок

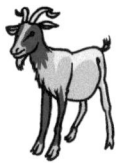

ra'ee

коза

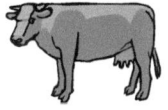

sa'a

корова

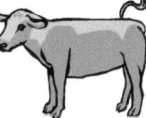

jabbilee

телёнок

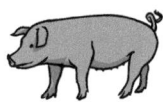

booyyee

свинья

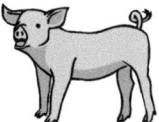

ilmoo booyyee

поросёнок

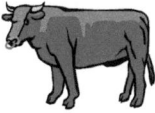

korma

бык

ziyyee

гусь

daakkiyyee

утка

lukkuu

цыплёнок

lukkuu haadhoo

курица

lukkuu kormaa

петух

hantuuta

крыса

adurree

кошка

hantuuta goodaa

мышь

qotiyyoo

вол

saree

собака

mana saree

конура

ujjummoo oddoo

садовый шланг

kan ittin bishaan obaasan

лейка

haamtuu dheeraa

коса

qotuu

плуг

28   qonna - ферма

haamtuu

серп

gasoo

мотыга

manshii

навозные вилы

qotoo

топор

gaarii goommaa

тачка

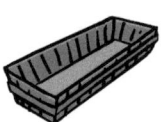

suluula

корыто

meeshaa aannanii

бидон для молока

keeshaa

мешок

dallaa

забор

tasgabbii

хлев

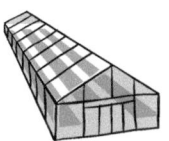

mana biqiltuu

теплица

biyyee

почва

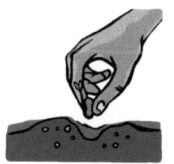

sanyii

посев

dachee gabbistuu

удобрение

kmbaayinara haamaa

комбайн

haamuu

собирать урожай

haamuu

урожай

biqiltuu hundeen isaa
nyaatamu

ямс

qamadii

пшеница

sooy

соя

moose

картофель

boqqoolloo

кукуруза

raappii siidii

рапс

muka fudraa

фруктовое дерево

kzaavaa

маниок

midhaan biilaa

злаки

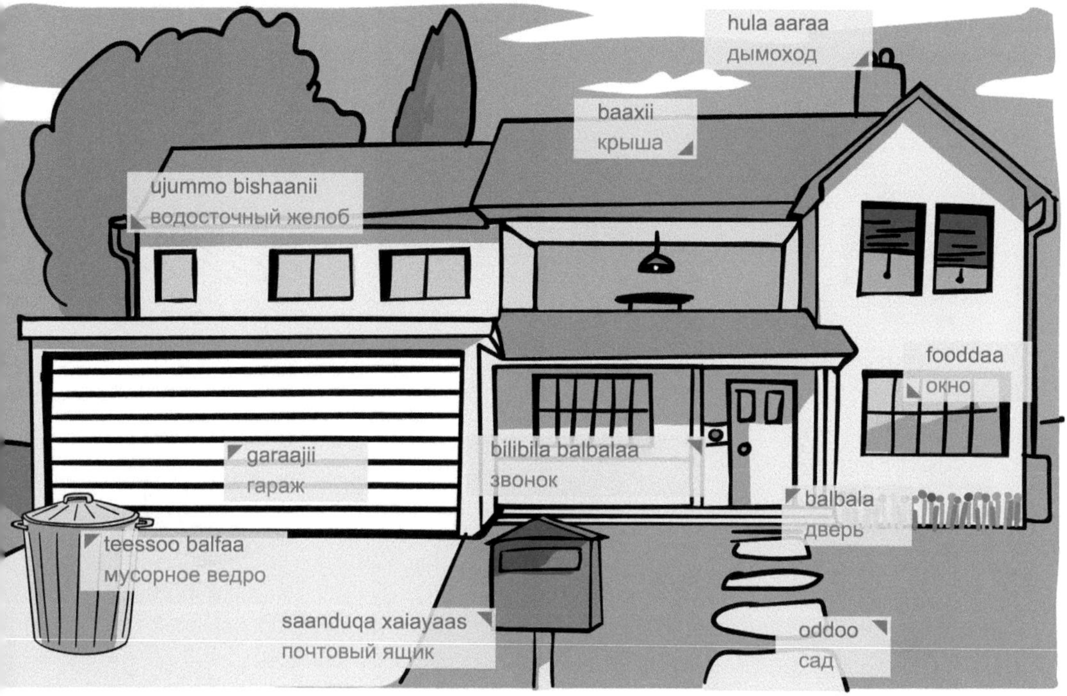

hula aaraa
дымоход

baaxii
крыша

ujummo bishaanii
водосточный желоб

fooddaa
окно

garaajii
гараж

bilibila balbalaa
звонок

balbala
дверь

teessoo balfaa
мусорное ведро

saanduqa xaiayaas
почтовый ящик

oddoo
сад

kutaa jireenyaa

гостиная

kutaa dhiqannaa

ванная комната

mana bilcheessaa

кухня

kutaa ciisichaa

спальня

kutaa ijoollee

детская комната

kutaa nyaataa

столовая

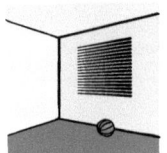

lafa

пол

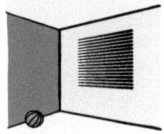

ededaa

стена

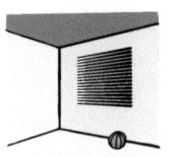

baaxii

потолок

seelaarii

подвал

saawunaa

сауна

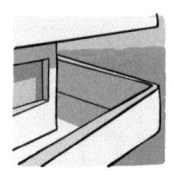

baankoonii

балкон

madaba

терраса

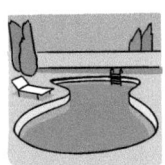

puulii

бассейн

konkoolaataa haamaa

газонокосилка

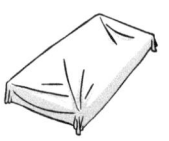

ansoolaa

пододеяльник

uffata siree

покрывало

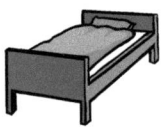

siree

кровать

hartuu

метла

baaldii

ведро

cufuu

выключатель

kutaa jireenyaa

гостиная

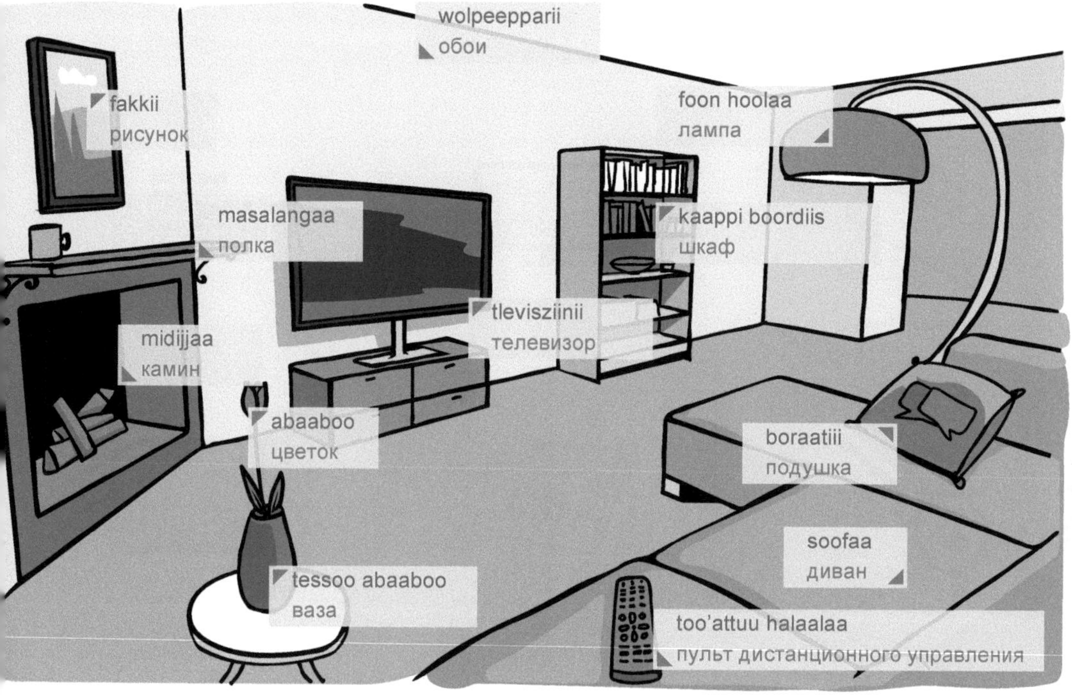
wolpeepparii
обои
fakkii
рисунок
foon hoolaa
лампа
masalangaa
полка
kaappi boordiis
шкаф
tlevisziinii
телевизор
midijjaa
камин
abaaboo
цветок
boraatiii
подушка
soofaa
диван
tessoo abaaboo
ваза
too'attuu halaalaa
пульт дистанционного управления

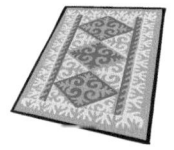

afata

ковёр

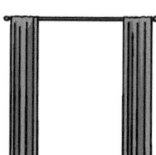

golgaa

штора

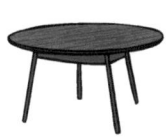

minjaala

стол

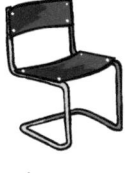

teessoo

стул

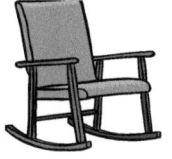

teessoo rarra'aa

кресло-качалка

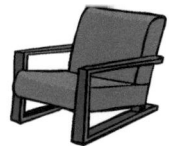

teesoo ciqilffannaa

кресло

kitaaba

книга

uffata qorraa

покрывало

midhagina

украшение

muka qoraanii

дрова

fiilmii

фильм

meeshaa

стереосистема

furtuu

ключ

gaazexaa

газета

dibuu

картина

barjaa

плакат

reedyoonii

радио

daftara yaadanoo

блокнот

meeshaa eeleektirikaa afata qulqulleessu

пылесос

laaftoo

кактус

dungoo

свеча

mana bilcheessaa

кухня

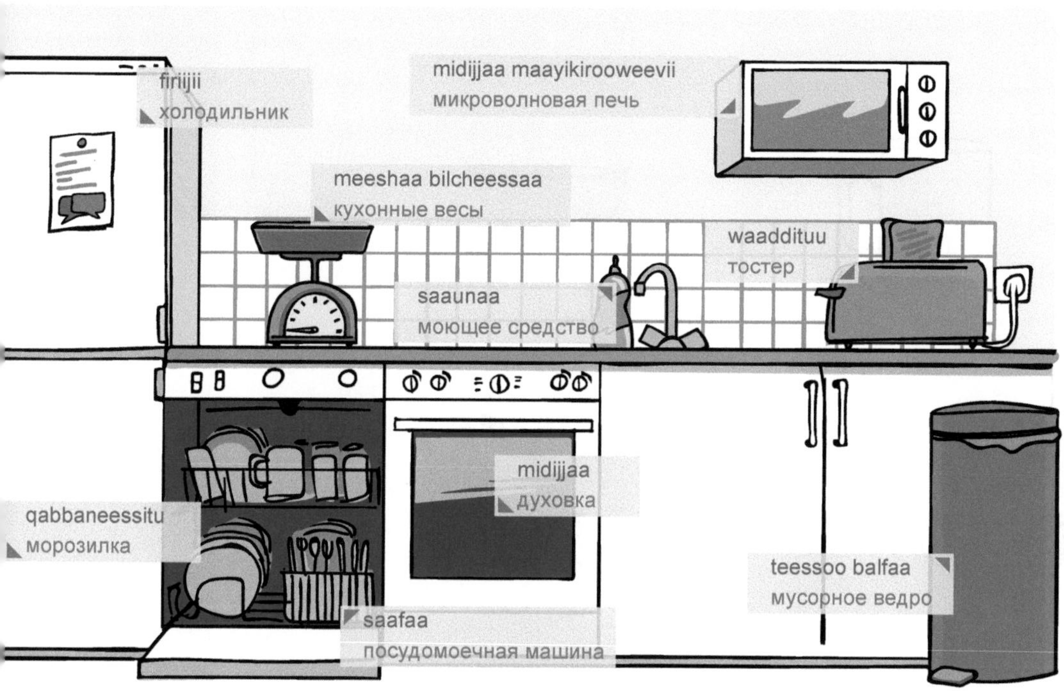
firiijii
холодильник
midijjaa maayikirooweevii
микроволновая печь
meeshaa bilcheessaa
кухонные весы
waadditu
тостер
saaunaa
моющее средство
midijjaa
духовка
qabbaneessitu
морозилка
teessoo balfaa
мусорное ведро
saafaa
посудомоечная машина

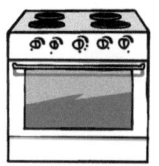

bilcheesssituu

плита

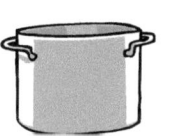

okkotee

кастрюля

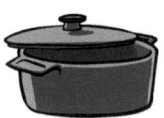

cast-iron pot

чугунный котелок

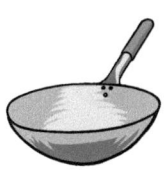

sataatee

вок / кадай

waadditu

сковорода

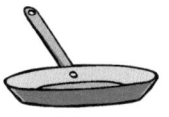

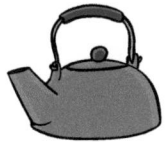

markajii

чайник

jabala humna urkaa

пароварка

tirii bilcheessaa

противень

bantuu qaruuraa

посуда

geeba

кружка

sayinaa

миска

dibata hidhii

палочки для еды

cilfaa

половник

shuukkaa

лопатка

areeda aduurree

сбивалка

dhimbiibduu

сито

gingilchaa

сито

meeshaa farfartuu

тёрка

mooyyee

ступка

waadii abiddaa

гриль

midijjaa

костёр

maktafiyaa

доска

martuu

скалка

bantuu qaruuraa

штопор

danda'uu

жестяная банка

banuu danda'uu

консервный нож

teesoo okkotee

прихватка

lixuu

раковина

buruushii

щетка

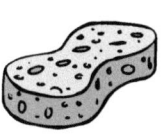

ispoonjii

губка

meeshaa waliin makaa

миксер

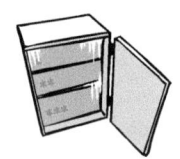

qabbaneessaa guddaa

морозильная камера

xuuxxoo

бутылочка для кормления

ujjuummoo

кран

kutaa dhiqannaa

ванная комната

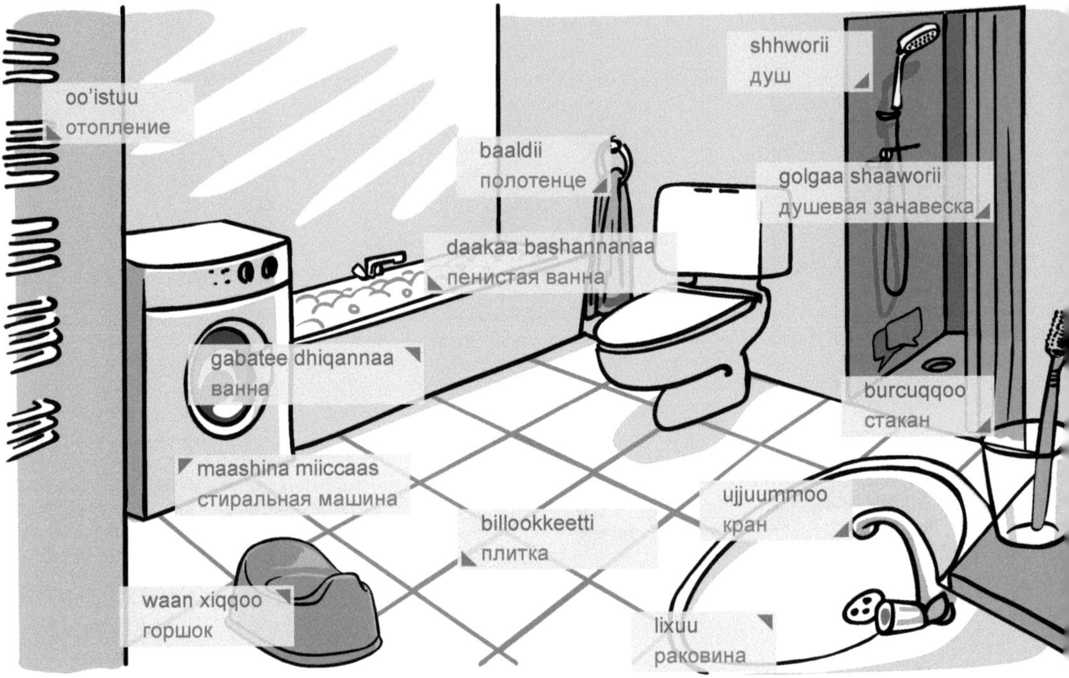

shhworii
душ
oo'istuu
отопление
baaldii
полотенце
golgaa shaaworii
душевая занавеска
daakaa bashannanaa
пенистая ванна
gabatee dhiqannaa
ванна
burcuqqoo
стакан
maashina miiccaas
стиральная машина
ujjuummoo
кран
billookkeetti
плитка
waan xiqqoo
горшок
lixuu
раковина

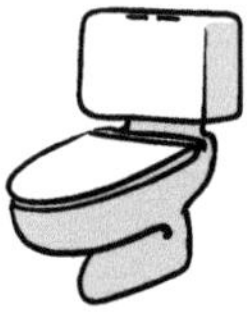

mana fincaanii

туалет

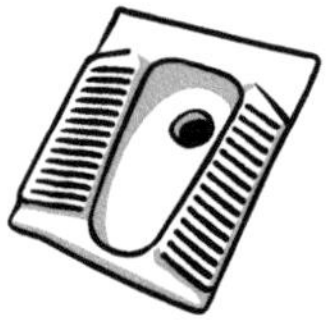

mana fincaanii taa'e

напольный унитаз

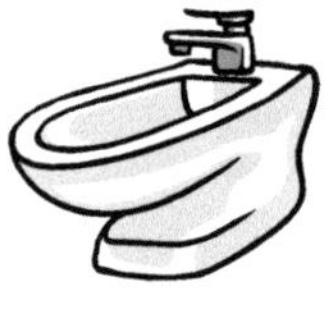

saafaa

биде

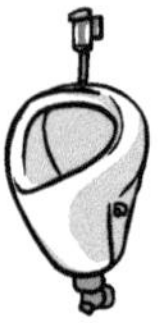

sahiinaa mana fincaanii

писсуар

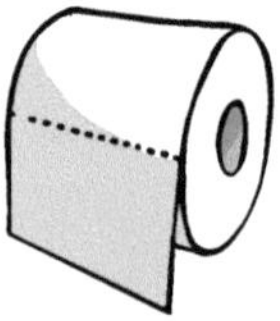

sooftii

туалетная бумага

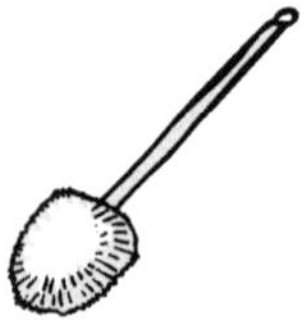

burusha mana fincaanii

ершик

buruushii ilkaanii

зубная щетка

saamunaa ilkaanii

зубная паста

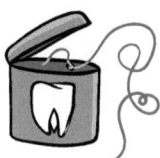

soqxuu ilkaanii

зубная нить

dhiquu

мыть

qaama dhiqannaa aadaa

ручной душ

kan dach

интимный душ

sulula

таз

mana dhiqataa

щетка для спины

saamunaa

мыло

dibata dhiqannaa boodaa

гель для душа

shaampuu

шампунь

jejuu

мочалка

gogsuu

сток

kireemii

крем

dodoraantii

дезодорант

daawitii

зеркало

daawitii hrkaa

ручное зеркало

milaacii

бритва

dibata areedaas

пена для бритья

diibata areedaa

лосьон после бритья

filaa

расческа

burusha

щетка

qoorsituu rifeensaa

фен

hafuuftuu rifeensaa

лак для волос

meekaappii

косметика

lippistiikii

губная помада

qeessa muculiksituu

лак для ногтей

jirbii

вата

murtuu qeessa

маникюрные ножницы

shittoo

духи

korojoo dhiqannaa

косметичка

gatteechuma

табуретка

iskeelii ulfaatinaa

весы

uffata dhiqannaa

халат

guwaantii pilaastikaa

резиновые перчатки

moodesii

тампон

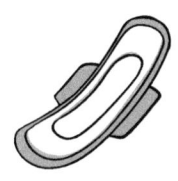

fooxaa qulquulinaa

гигиеническая прокладка

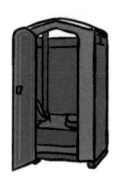

keemikaala mana fincaanii

биотуалет

kutaa ijoollee

детская комната

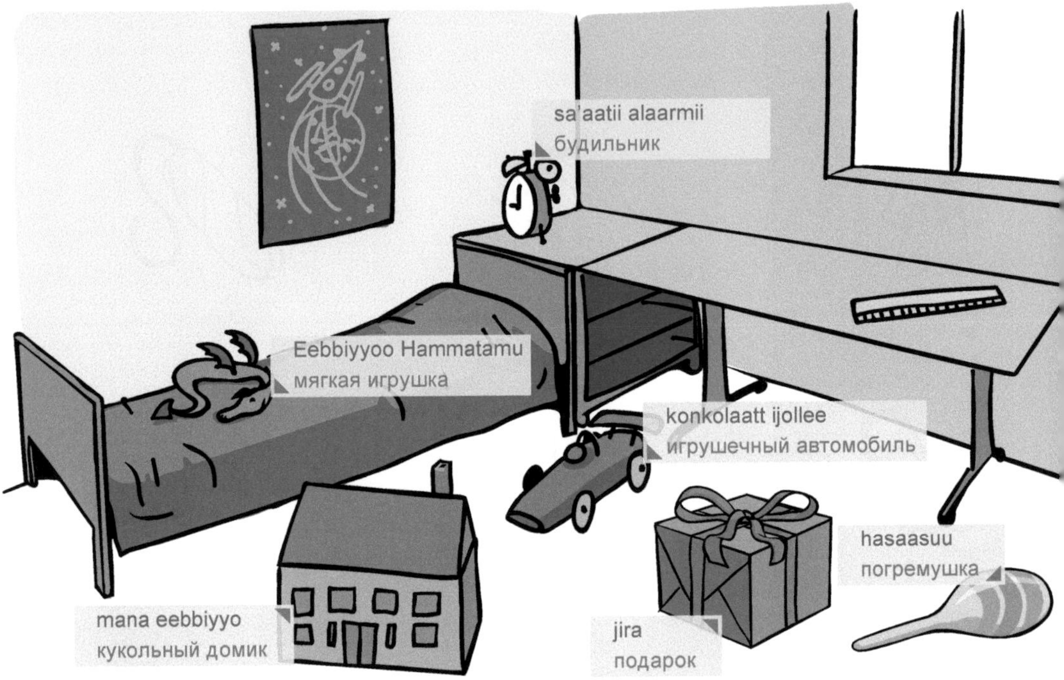

sa'aatii alaarmii
будильник

Eebbiyyoo Hammatamu
мягкая игрушка

konkolaatt ijollee
игрушечный автомобиль

hasaasuu
погремушка

mana eebbiyyo
кукольный домик

jira
подарок

baaloonii

воздушный шар

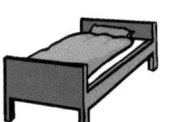

siree

кровать

gaarii daa'imaa

детская коляска

Minjaala Kaardii

карточная игра

akaafaa

пазл

kofalchiisaa

комикс

lego bricks

кирпичики Лего

dlookii ijaarsaa

кубики

lakkofsa gochaa

игрушечная фигурка

guddina daa'imaa

ползунки

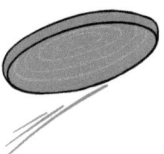

saahinaa taphaa

фрисби

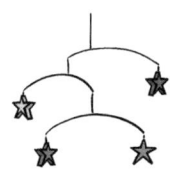

mobaayilii

мобиле

gabatee taphaa

настольная игра

kuubii lakk. 1-6 qabu

кубик

teessuma leenji'aa modeelaa

модель железной дороги

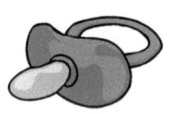

fakkll

соска

afeerrii

вечеринка

kitaaba fakii

книга с картинками

kubbaa

мяч

eebiyyoo

кукла

tapha

играть

boolla cirrachaa

песочница

hodhuu

качели

eebbiyyoo

игрушка

konsoli tapha viidyoo

игровая приставка

marsaa sadii

трёхколесный велосипед

eebiyyo hammatamtu

плюшевый медвежонок

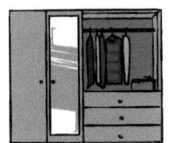

sanduqaa dhaabbii

шкаф для одежды

cuufinsa

одежда

kaalsii

носки

istookingii

чулки

taayitii

колготки

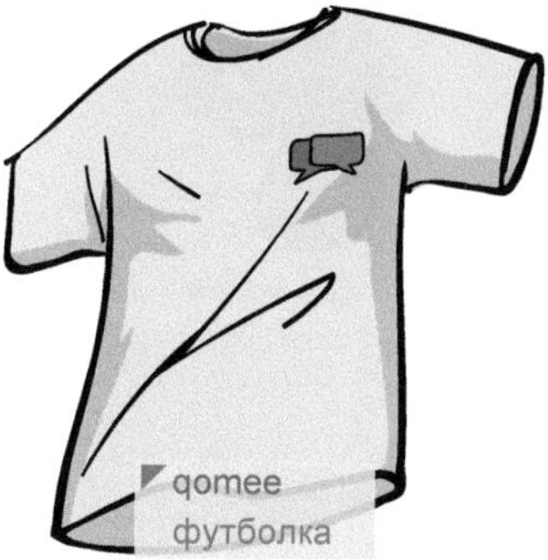

guftaa
шарф

qabattoo
ремень

dibaaboo
зонтик

qomee
футболка

bidiruuwwan
сапоги

slipparii
тапки

leenjitoota
кроссовки

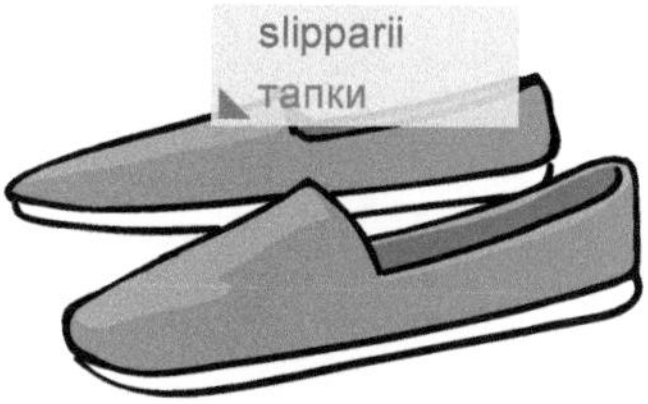

kophee banaa

....

сандалии

kophee

....

ботинки

bidiruu pilaastikaa

....

резиновые сапоги

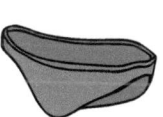

butaantaa

....

трусы

harmaa

....

бюстгальтер

sadariyyaa

....

майка

qaama

боди

kofoo dheeraa

брюки

jiinsii

джинсы

dalgee

юбка

shamiza

блузка

shurraaba

рубашка

shurraaba

свитер

haaguuggii jaakkeettii

свитер

yuunifoormii

спортивная куртка

jaakkeettii

жакет

kootii

пальто

kafana roobaa

плащ

barsuma

костюм

wandaboo

платье

kafana gaa'ilaa

свадебное платье

kafana guutuu

мужской костюм

uffata halkanii

ночная сорочка

bijaamaa

пижама

wandaboo hindii

сари

guftaa

платок

marata

тюрбан

burqaa

паранджа

jalabiyyaa

кафтан

abaya

абайя

kafana daakkaa

купальник

mudhii

плавки

kofoo gabaabaa

шорты

kafanafgichaa

спортивный костюм

appiroonii

фартук

guwwaantii

перчатки

furtuu

пуговица

burcuqqoowwan

очки

gumee

браслет

amartii

цепочка

qubeelaa

кольцо

glii

серьга

geeba

шапка

fanoo kootii

вешалка

qoobii

шляпа

karbaata

галстук

ziippii

застежка молния

heelmeetii

шлем

collee

подтяжки

uffata mana baruumsaa

школьная форма

yuunifoormii

форма

kafana gorooraa

детский нагрудник

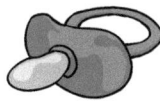

fakkii

соска

naappii

подгузник

waajjira
офис

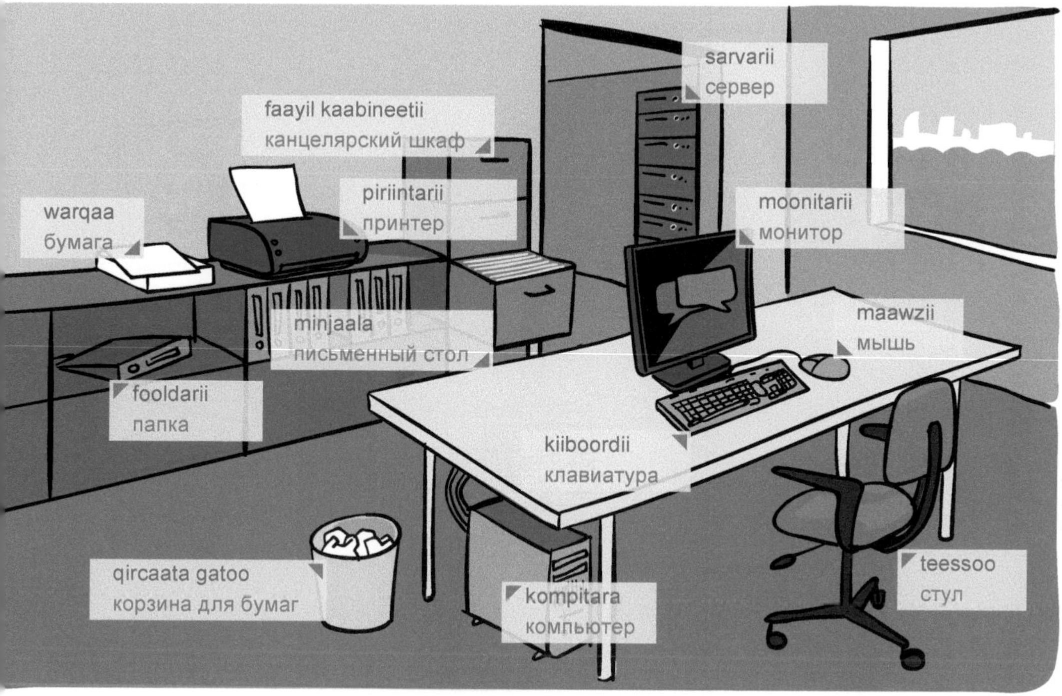

sarvarii
сервер

faayil kaabineetii
канцелярский шкаф

piriintarii
принтер

moonitarii
монитор

warqaa
бумага

minjaala
письменный стол

maawzii
мышь

fooldarii
папка

kiiboordii
клавиатура

qircaata gatoo
корзина для бумаг

kompitara
компьютер

teessoo
стул

siinii bunaa

кофейная кружка

herregduu

калькулятор

intarneetii

интернет

lab tooppii

ноутбук

xalaya

письмо

ergaa

сообщение

mobbyilii

мобильный телефон

neetwoorkii

сеть

maashina footokoppii

ксерокс

sooft weerii

программа

bilbila

телефон

sookkeetii suuqii

розетка

maashina faaksiis

факс

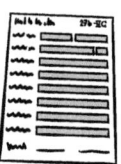

uunkaa

формуляр

dookimantii

документ

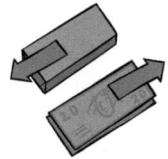

bituu

покупать

kafaluu

платить

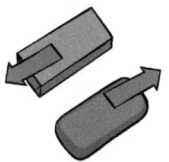

daldaluu

торговать

qarshii

деньги

doolaara

доллар

yuroou

евро

yen

иена

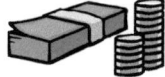

ruubilii

рубль

Farankaa swwiz

франк

yuwaanii reenmiinbii

жэньминьби юань

ruuppee

рупия

kaash pooyintii

банкомат

biiroo de cheenjee

пункт обмена валюты

warqee

золото

meeta

серебро

zayita

нефть

human

энергия

gatii

цена

koontiraata

договор

taaksii

налог

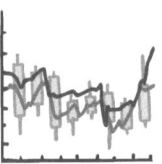

shaqaxa

акция

hojjechuu

работать

qacaramaa

служащий

qacaraa

работодатель

faabrikaas

фабрика

dukkaana

магазин

hojii

профессии

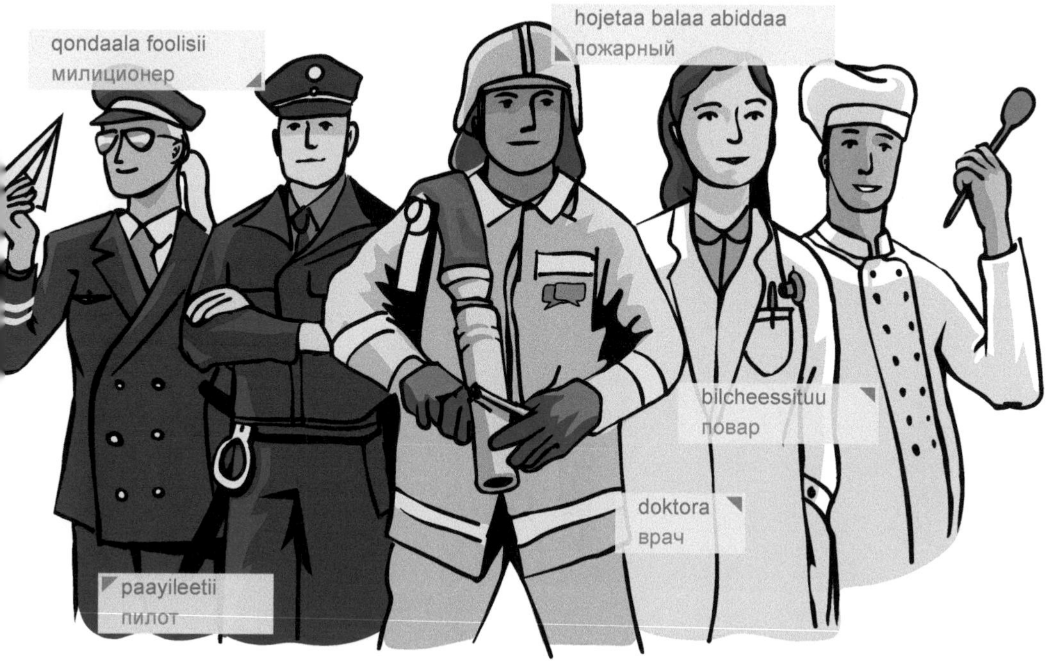
qondaala foolisii
милиционер
hojetaa balaa abiddaa
пожарный
bilcheessituu
повар
doktora
врач
paayileetii
пилот

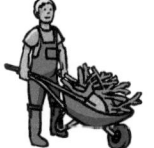

waardiyyaa

садовник

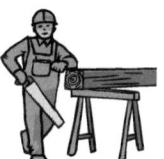

ogeessa mukaa

столяр

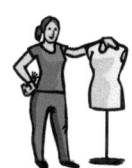

ooftuu jabalaa

швея

abbaa seeraa

судья

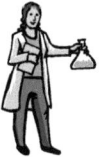

keemistii

химик

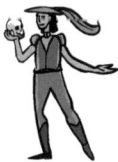

ta’aa

актёр

konkolaachisaa

водитель автобуса

konkolaachisaataaksii

таксист

qurxumii kiyyeessaa

рыбак

qulqulleessituu

уборщица

hojetaa baaxii

кровельщик

keessummeessaa

официант

adamisituus

охотник

halluu dibduu

художник

tolchituu

пекарь

elektrishaana

электрик

ijaaraa

строитель

injinara

инженер

mana foonii

мясник

hjjetaa ujummoo

сантехник

poostaa geessituu

почтальон

raayyaa

солдат

arkteektii

архитектор

qarshi qabduu

кассир

abaaboo gurgurtuu

флорист

dabbasaa murtuu

парикмахер

kondaaktara

кондуктор

makaanika

механик

kaappiteenii

капитан

hakiima ilkee

зубной врач

saayntiistii

ученый

rabbi

раввин

imaama

имам

moloskee

монах

luba

священник

meeshaalee

инструменты

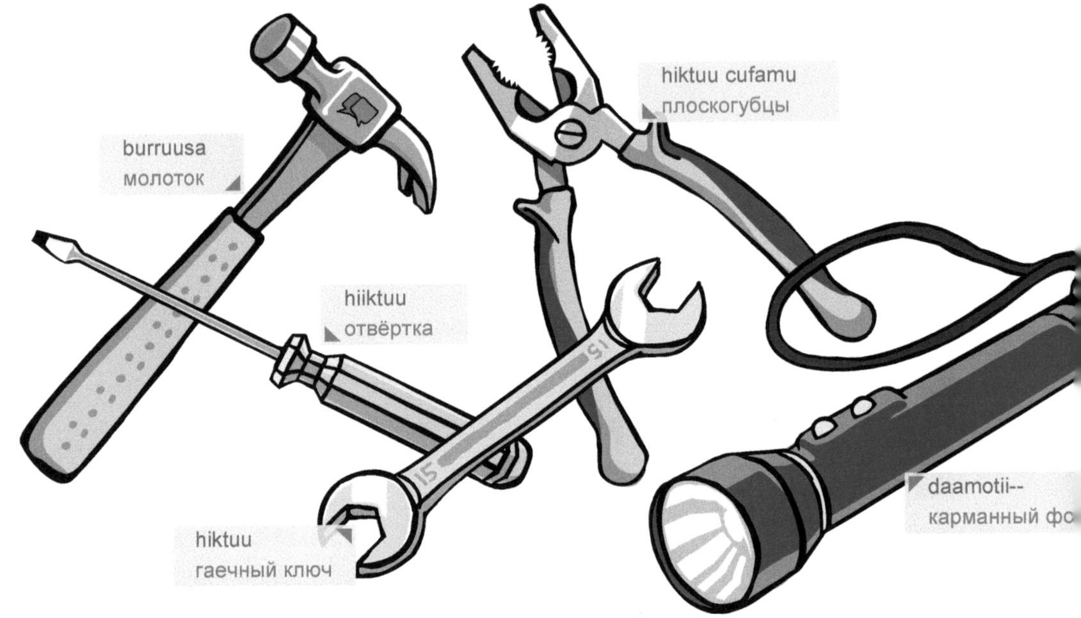

hiktuu cufamu
плоскогубцы
burruusa
молоток
hiiktuu
отвёртка
daamotii--
карманный фо
hiktuu
гаечный ключ

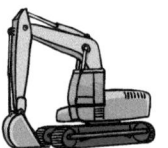

gasoo

экскаватор

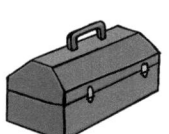

saanduqa meeshhalee

ящик для инструментов

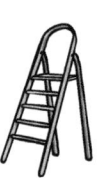

kortoo

стремянка

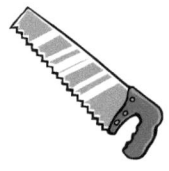

magaazii

пила

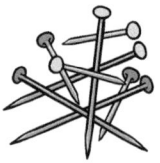

bismaara

гвозди

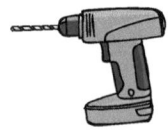

diriilii

дрель

suphuu

ремонтировать

akaafaa

лопата

dhaabi

Блин!

gataa balfaa

совок

qodaa haalluu

ведро с краской

hiktuu

винты

meeshaalee muuziqaa
музыкальные инструменты

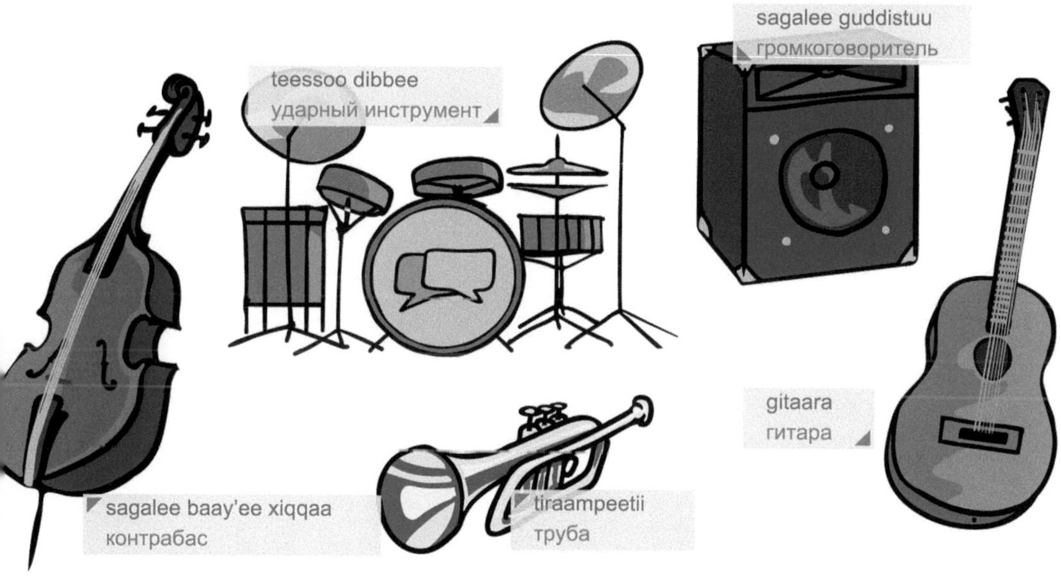

teessoo dibbee
ударный инструмент

sagalee guddistuu
громкоговоритель

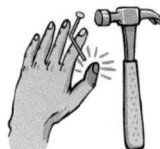

gitaara
гитара

sagalee baay'ee xiqqaa
контрабас

tiraampeetii
труба

piyaanoo

пианино

vaayoolinii

скрипка

sagalee xiqqaa

бас-гитара

timpaanii

литавры

dibbee

барабан

kiiboordii

синтезатор

saaksi foona

саксофон

ulullee

флейта

may craafoona

микрофон

dallaa beeladaa

зоопарк

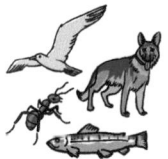

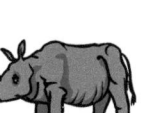

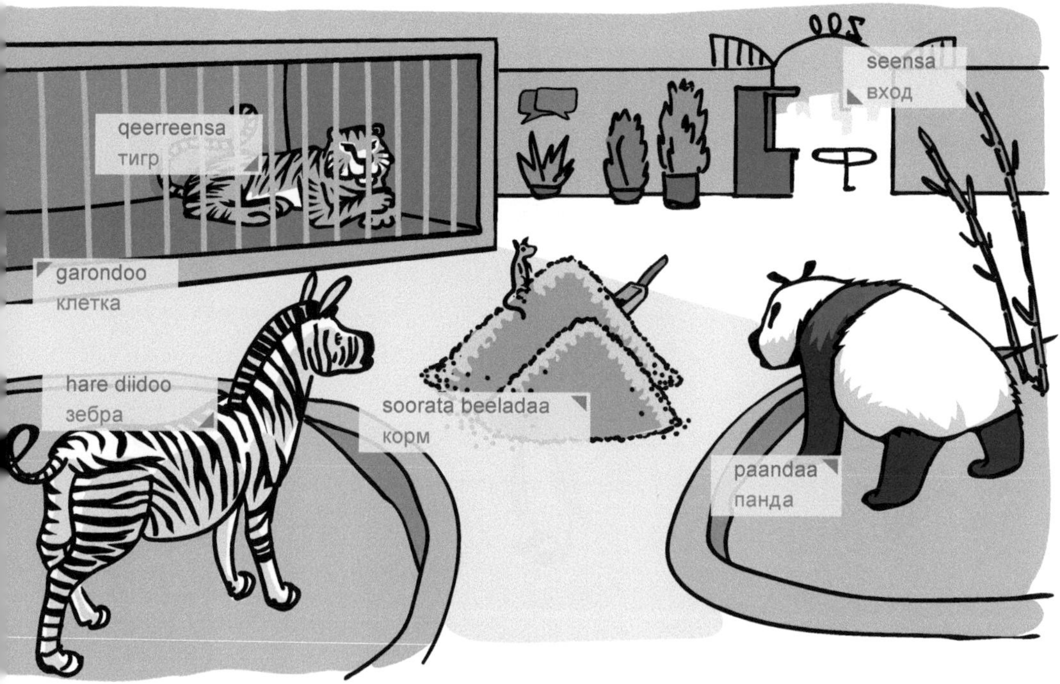

seensa
вход
qeerreensa
тигр
garondoo
клетка
hare diidoo
зебра
soorata beeladaa
корм
paandaa
панда

beeladoota

животные

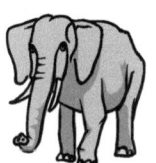

arba

слон

kaangaaroo

кенгуру

warseesa

носорог

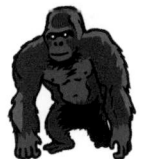

jaldeessa guddaa

горилла

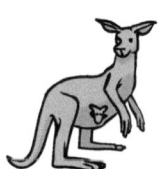

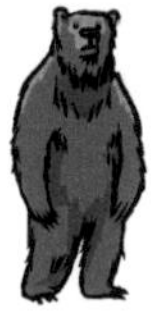

godaa

медведь

gala

верблюд

guchii

страус

leenca

лев

jaldeessa

обезьяна

fiilaamingoo

фламинго

simbira dubbattu

попугай

diibii poolarii

белый медведь

peengyuunii

пингвин

shaarkii

акула

piikookii

павлин

bofa

змея

qocaa

крокодил

eegaa zoo

служитель зоопарка

chaappaa

тюлень

sanyii qeerensaa

ягуар

dallaa beeladaa - зоопарк

farda gabaabduu

пони

sanyii qeerrensaa

леопард

roobii

бегемот

sattaawwaa

жираф

culullee

орёл

ifaannaa

кабан

qurxummii

рыба

qocaa galaanaa

черепаха

beelada bishaan keessaa

морж

sardiida

лиса

godaa

газель

ispoortii

спорт

kubbaa miilaa ameerikaa
американский футбол

dargmmii bishkilileettaa
езда на велосипеде

teenisa
теннис

kubba kaachoo
баскетбол

bishaan daakkaa
плавание

aboottoo
бокс

sigigoo cabbie
хоккей

kubbaa miilaa
футбол

baadmentanii
бадминтон

atileetii
лёгкая атлетика

kubba harkaa
гандбол

skiing
лыжный спорт

pooloo
поло

62   ispoortii - спорт

sochii

действия

kolfa
смеяться
utaalcha
прыгать
hammachuu
обнимать
deemuu
идти
sirbuu
петь
abjuu
мечтать
kadhannaa
молиться
dhungoo
целовать

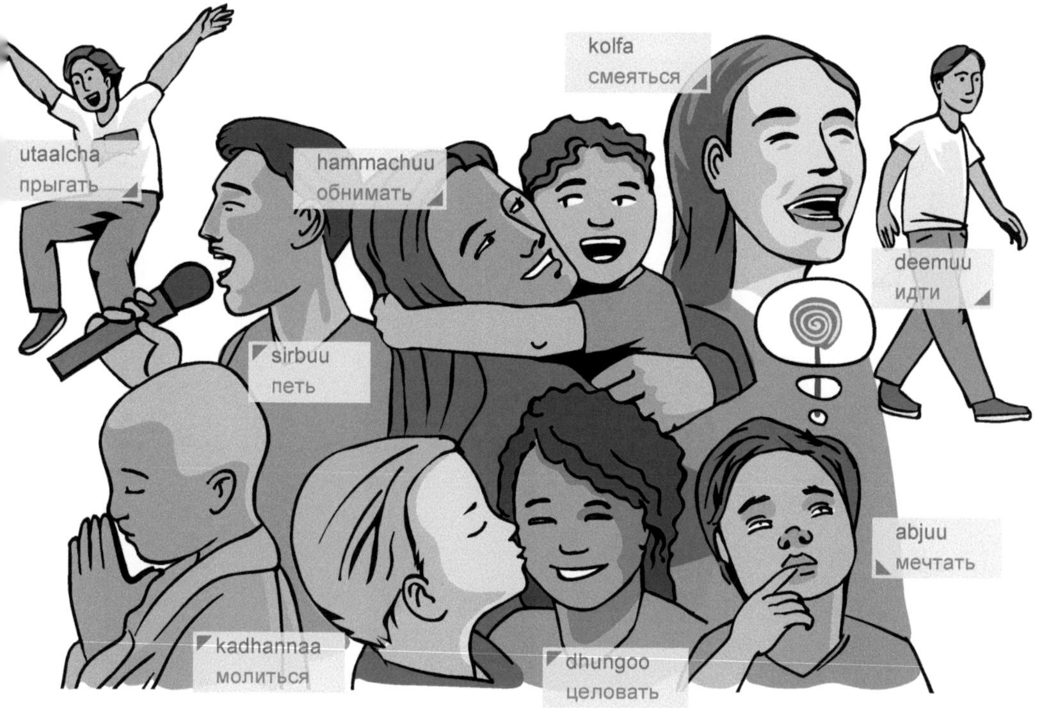

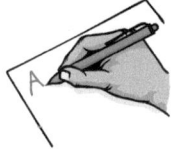

barreessuu
писать

fakkii kaasuu
рисовать

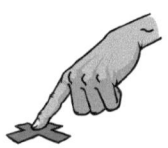

agrsiisuu
показывать

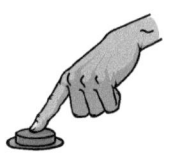

dhiibuu
нажимать

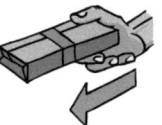

kennuu
давать

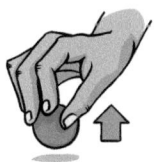

fudhachuu
брать

qabaachuu

иметь

gochuu

делать

ta'uu

быть

dhaabbachuu

стоять

kaachuu

бежать

harkisuu

тянуть

darbachuu

бросать

kufuu

падать

soba

лежать

eeguu

ждать

baachuus

носить

taa'uu

сидеть

uffachuu

надевать

rafuu

спать

dammaquu

просыпаться

ilaaluu

рассматривать

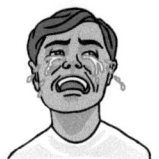

iyyuu

плакать

dhiibbaa dhiigaa

гладить

filuu

причесывать

haasa'uu

говорить

hubachuu

понимать

gaafachuu

спрашивать

dhggeeffachuu

слушать

dhuguu

пить

nyaachuu

кушать

ol kaasuu

наводить порядок

jaalala

любить

bilcheessuus

готовить

oofuu

ехать

barrisuu

летать

sochii - действия

jabalan

ходить под парусом

heerregii

считать

dubbisuu

читать

baruumsa

учиться

hojjechuu

работать

fuudha

вступать в брак

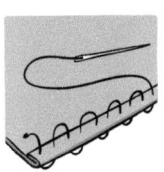

hodhuu

шить

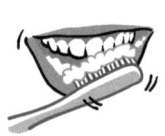

ilkaan rigachuu

чистить зубы

ajjeecha

убивать

xuuxuu

курить

erguu

отправлять

araa haadhaa

akaakayyuu karaa abbaa
дедушка

abbaa
папа

haadha
мама

daa'ima
младенец

intala durbaa
дочь

ilma dhiiraa
сын

keessummaas

гость

adaadaa

тетя

eessuma

дядя

obboleessa

брат

obboleettii

сестра

qaama

тело

adda
лоб
ija
глаз
ceekuu
плечо
quba
палец
fuula
лицо
igicii
подбородок
harka
кисть
luka
нога
harma
грудь
irree
рука

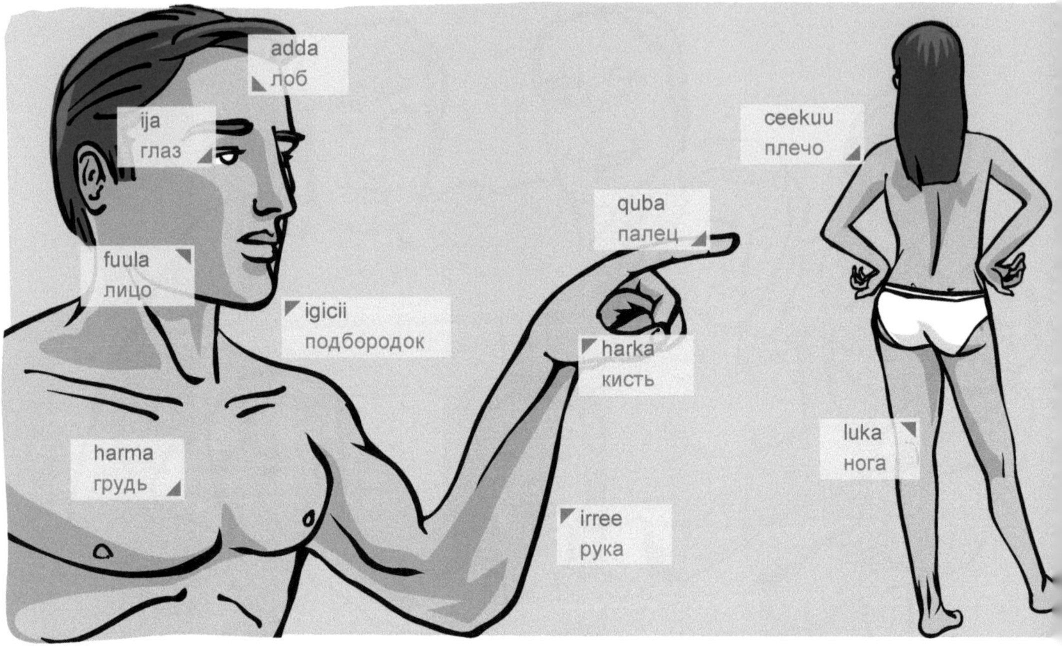

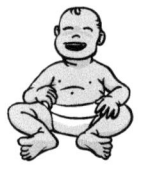

daa'ima

младенец

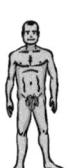

nama

мужчина

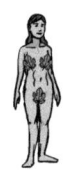

dubartii

женщина

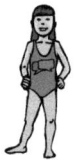

durba

девочка

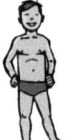

mucaa

мальчик

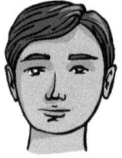

mataa

голова

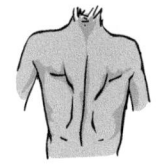

duuba

спина

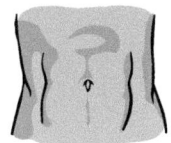

godhami

живот

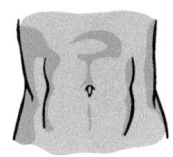

belly button

пупок

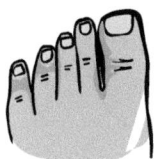

qubq miilaa

палец ноги

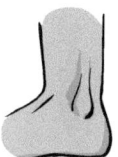

koomee

пятка

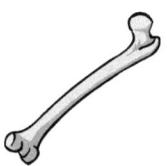

lafee

кость

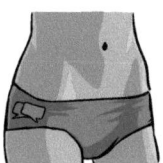

dirra

бедро

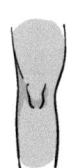

jilba

колено

ciqilee

локоть

fuunyaan

нос

jala

ягодицы

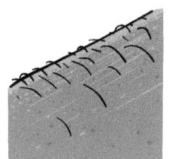

gogaa

кожа

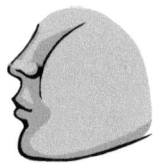

boqoo

щека

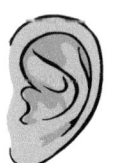

gurra

ухо

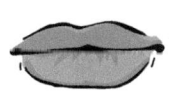

hidhii

губа

qaama - тело

afaan

рот

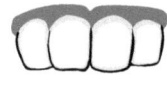

ilkee

зуб

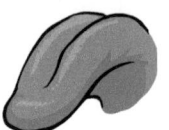

arraba

язык

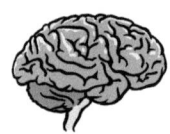

sammuu

мозг

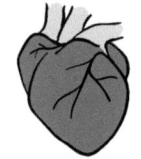

onnee

сердце

fon irree

мышца

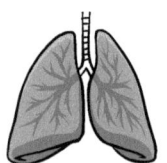

somba

лёгкое

tiruu

печень

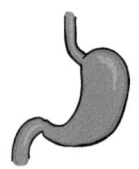

garaacha

желудок

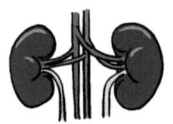

kaleewwan

почки

wal qunnamitii saalaa

половой акт

kondomii

презерватив

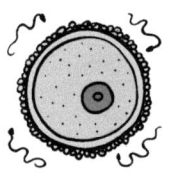

buphaa dubartii

яйцеклетка

mi'oo

сперма

ulfa

беременность

qaama - тело

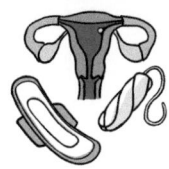

laguu ji'aa

менструация

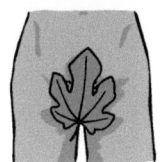

buqushaa

вагина

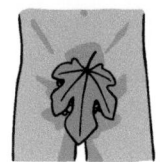

tuffee

пенис

laboobbaa ijaa

бровь

rifeensa

волосы

morma

шея

qaama - тело

hospitaala
больница

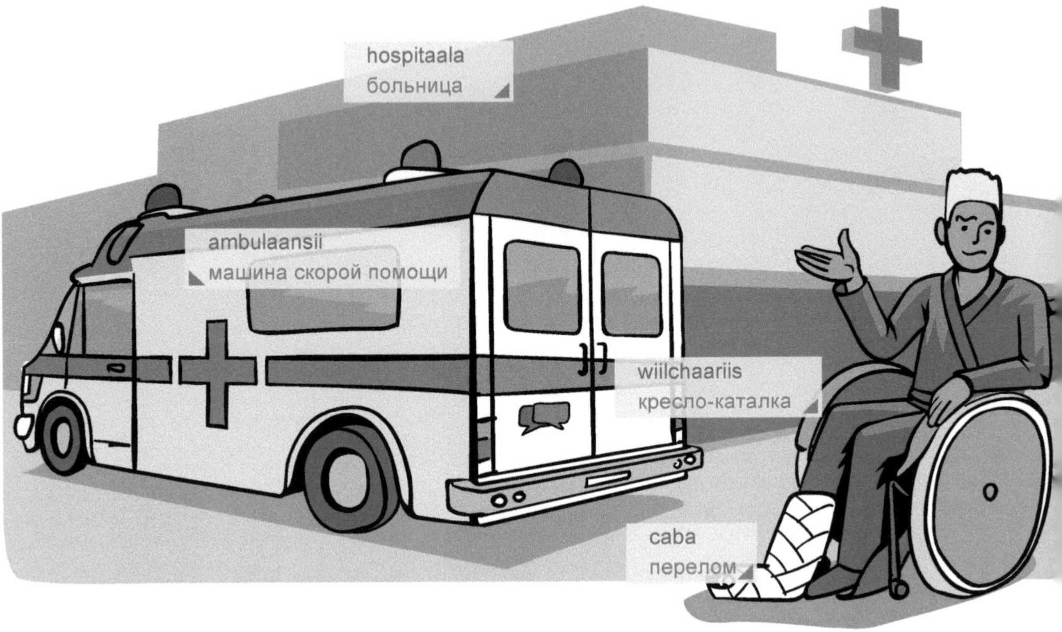

hospitaala
больница
ambulaansii
машина скорой помощи
wiilchaariis
кресло-каталка
caba
перелом

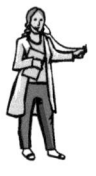

doktora

врач

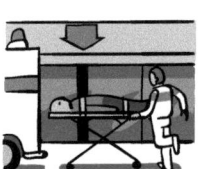

kutaa hatattamaa

пункт первой помощи

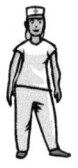

narsii

медсестра

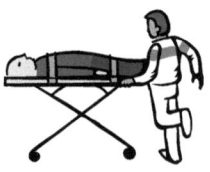

hatattama

неотложный случай

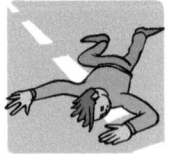

kan hin dammaqin

без сознания

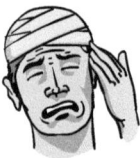

dhukkubbii

боль

miidhhaa

повреждение

dhiiguu

кровотечение

dhukkuba onnee

инфаркт

baay'ina dhiigaa

инсульт

hooqxoo

аллергия

qufaa

кашель

oo'aa qaamaa

овышенная температура

qufaa

грипп

baasaa

понос

howoo mataa

головная боль

kaansarii

рак

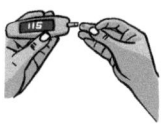

dhibee sukkaaraa

диабет

baqaqsanii hodhuu

хирург

halbee

скальпель

hojii

операция

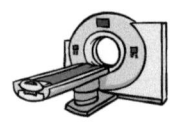

CT

КТ

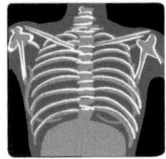

raajii

рентген

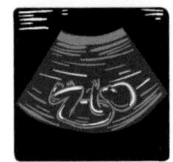

aaltraasaawandii

ультразвук

haguuggii fuuiaa

маска

dhukkuba

болезнь

kutaa haar galfii

приёмная

hirkannaa

костыль

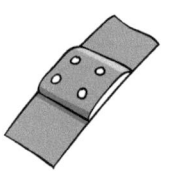

pilaastara

пластырь

baandeejii

бинт

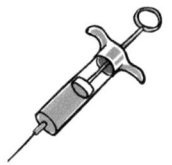

limmoo waraanuu

укол

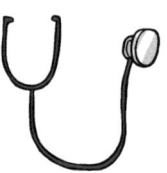

isteetskooppi

стетоскоп

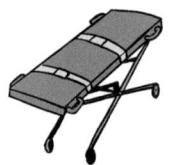

siree dhukkubsataa

носилки

termoo meetira klinikaa

термометр

dhaloota

рождение

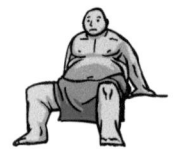

ulfaatinaa ol

избыточный вес

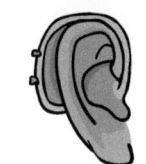

gargaaraa dhageettii

слуховой аппарат

qoricha aramaa

дезинфекционное
средство

miidhama keessaa

инфекция

vaayirasa

вирус

ECH AAIVII / EEDSII

ВИЧ / СПИД

qoricha

лекарство

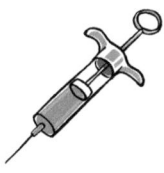

talaallii

прививка

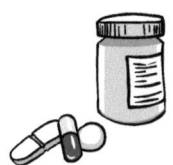

kiniinii

таблетки

kiniinii

противозачаточная
таблетка

waamicha hatattamaa

экстренный вызов

too'attuu dhiibbaa dhiigaa

прибор для измерения
кровяного давления

dhukkuba / fayyaa

больной / здоровый

gargaarsa!

Помогите!

alaarmiis

сигнал тревоги

weerara

нападение

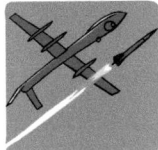

miidhuu

атака

suukaneessaa

опасность

baha hatattamaa

запасной выход

abidda

Пожар!

abidda dhaamisituu

огнетушитель

balaa

несчастный случай

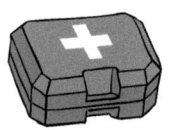

saanduqa gargaasa
calqabaa

аптечка

Sii'oosii

SOS

foolisii

милиция

awurooppaa

Европа

ameerikaa kabaa

Северная Америка

ameerikaa kibbaa

Южная Америка

afrikaa

Африка

eesiyaa

Азия

awustraaliyaa

Австралия

atilaantik

Атлантический океан

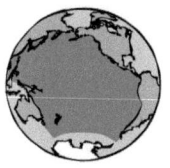

paasfiik

Тихий океан

galaana hindii

Индийский океан

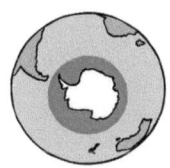

galaana antaartikaa

Антарктический океан

galaana arkitiik

Северный Ледовитый
океан

polii kaabaa

Северный полюс

polii kibbaa

Южный полюс

antaartikaa

Антарктика

dachee

земля

dachee

суша

garba

море

odola

остров

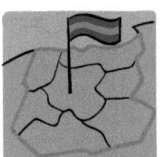

lammii

нация

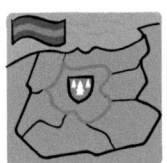

kutt biyyaa

государство

clock face

циферблат

sa'aatii kana

часовая стрелка

daqiiqaa kana

минутная стрелка

moofaa

секундная стрелка

yeroon meeqa ta'ee?

Который час?

guyyaa

день

yeroo

время

amma

сейчас

sa'aatii diiskoo

электронные часы

daqiiqaa

минута

sa'aatii

час

torbee

неделя

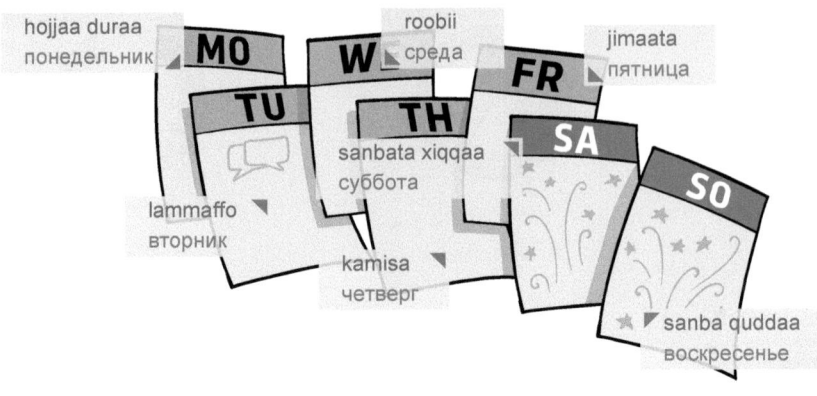

hojjaa duraa
понедельник

roobii
среда

jimaata
пятница

sanbata xiqqaa
суббота

lammaffo
вторник

kamisa
четверг

sanba quddaa
воскресенье

kaleessa

вчера

har'a

сегодня

boru

завтра

ganama

утро

guyyaa qixxee

полдень

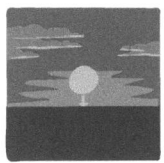

galgala

вечер

guyyaa hojii

рабочие дни

dhuma forbee

выходные

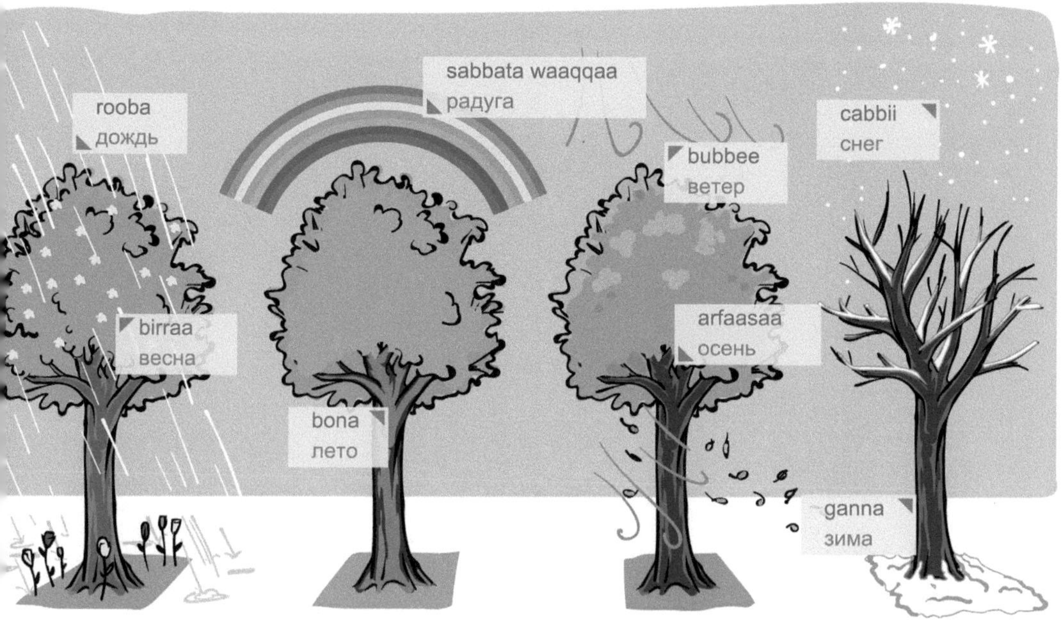

rooba
дождь

sabbata waaqqaa
радуга

bubbee
ветер

cabbii
снег

birraa
весна

arfaasaa
осень

bona
лето

ganna
зима

raaga haala qileensaa

прогноз погоды

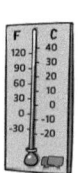

teermoomeetirii

термометр

baha aduu

солнечный свет

duumessa

туча

hurii

туман

jiidha

влажность воздуха

bakakkaa

молния

balaqqee

гром

dirrisa

буря

cabbii

град

monsoon

муссон

lolaa

наводнение

cabbie

лёд

Amajjii

январь

Gurraandhala

февраль

Bitootessa

март

Eebila

апрель

Caamsaa

май

Waxabajji

июнь

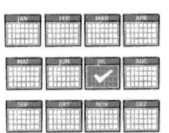

Adooleessa

июль

Hagayya

август

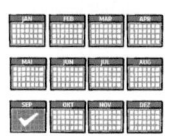

Fulbaana

сентябрь

Onkololeessa

октябрь

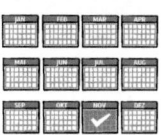

Sadaasa

ноябрь

Muddee

декабрь

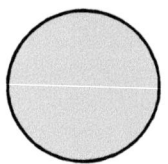

geengoo

круг

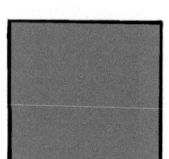

isqeerii

квадрат

rog arfee

прямоугольник

rg sadee

треугольник

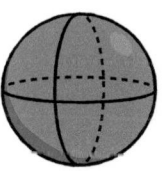

molaalee

шар

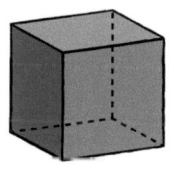

kuubii

куб

adii

белый

boora

желтый

keelloo

оранжевый

boorilee

розовый

diimaa

красный

bunnii

лиловый

cuqliisa

синий

magariisa

зелёный

magaala

коричневый

bulee

серый

gurraacha

черный

baay'ee / xiqqoo

много / мало

aara / gammachuu

яростный / мирный

bareeda / fokkuu

красивый / уродливый

calqaba / xumuura

начало / конец

guddaa / xiqqaa

большой / маленький

ifa / dukkana

светлый / темный

obboleessa / obboleettii

брат / сестра

qulqulluu / xurii

чистый / грязный

xumuuramaa / kan hin xumuuramin

полный / неполный

guyyaa / halkan

день / ночь

du'aa / jiraa

мёртвый / живой

bal'aa / dhiphaa

широкий / узкий

kan nyaatamu / kan hin nyaatamne

съедобный / несъедобный

badd / gaarii

злой / дружелюбный

gammachuu / ifannaa

взволнованный / скучающий

furdaa / qal'aa

толстый / худой

calqaba / dhuma

сначала / в конце

michuu / diina

друг / враг

guutuu / duwwaa

полный / пустой

sakoruu / lalllaafaa

твёрдый / мягкий

ulfaataa / salphaa

тяжёлый / легкий

beeluu / dheebuu

голод / жажда

dhukkuba / fayyaa

больной / здоровый

seer malee / seera qabeessa

незаконный / законный

gaanfuree / dabeessa

умный / глупый

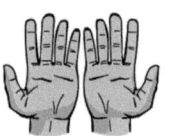

bitaa / mirga

слева / справа

maddii / fagoo

близко / далеко

haara'a / moofaa

новый / подержанный

homma / waan tokko

ничто / нечто

jaarsa / dargaggeessa

старый / молодой

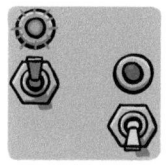

ibsuu / dhaamsuu

включено / выключено

banuu / cufuu

открыто / закрыто

callisuu / sagalee olkaasuu

тихо / громко

sooressa / hiyyeessa

богатый / бедный

sirrii / dogongora

правильный /
неправильный

sokorruu / lallaafaa

шероховатый / гладкий

aara / gammachuu

печальный / счастливый

dheeraa / gabaabaa

короткий / длинный

qususaa / collee

медленный / быстрый

jiidhaa / goggogaa

мокрый / сухой

oo'aa / qorraa

тёплый / прохладный

lola / nagaa

война / мир

0

duwwaa

ноль

1

tokko

один

2

lama

два

3

sadis

три

4

afur

четыре

5

shan

пять

6

jaha

шесть

7

torba

семь

8

saddeet

восемь

9

sagal

девять

10

kudhan

десять

11

kudha tokko

одиннадцать

12
kudha lama

двенадцать

13
kudha sadi

тринадцать

14
kudha afur

четырнадцать

15
kudha shan

пятнадцать

16
kudha jaha

шестнадцать

17
kudha torba

семнадцать

18
kudha saddeet

восемнадцать

19
kudha sagal

девятнадцать

20
diigdama

двадцать

100
dhibba

сто

1.000
kuma

тысяча

1.000.000
maliyoona

миллион

afaanota

языки

Ingiliffa

английский

Ingiliffa Ameerikaa

американский английский

Mandarinii chaayinaa

мандаринский китайский

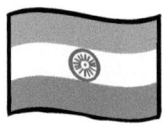

Afaan Hindii

хинди

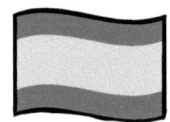

Afaan Speen

испанский

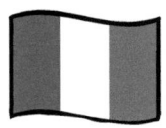

Afaan Faransaay

французский

Afaan Arabaa

арабский

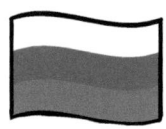

Afaan Raashaa

русский

Afaan Poortugaal

португальский

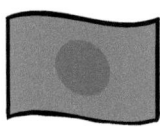

Afaan Beengaal

бенгальский

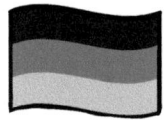

Afaan Jarman

немецкий

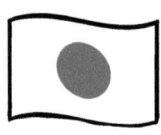

Afaan Jaappaan

японский

ana

я

si

ты

isa / ishii / isa / wantootaf

он / она / оно

nu'ii

мы

isin

вы

isan

они

eenyuu?

кто?

maal?

что?

akkamitti

как?

eessa?

где?

hoom?

когда?

maqaa

имя

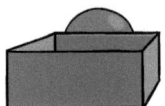

duuba

за

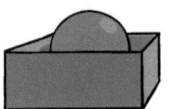

keessa

в

fuldura

перед

irra

над

gubbaa

на

jala

под

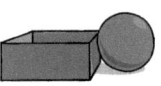

maddii

рядом

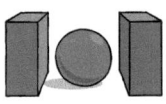

gidduu

между

bakkee

место